AF414210

# Nudo

# Telanjang

Italiano-Indonesiano

Libro illustrato bilingue per bambini

Richard Carlson

Suzanne Carlson

The author would like to thank the illustrator and translators for their help.

I miei due fratelli minori, Michael e Steven, ed io stavamo lottando in un'enorme, densa e profonda pozzanghera di fango nel nostro cortile. Poi, è arrivata l'ora di cena.

La mamma è entrata nel cortile sul retro e ha detto: "Spogliatevi che vi lavo".


Dua adik laki-lakiku, Michael dan Steven, serta aku bergulat di kubangan lumpur yang besar, pekat, dan dalam di halaman belakang rumah kami. Kemudian, waktu makan malam pun tiba.

Ibu berjalan ke halaman belakang dan berkata, "Buka pakaian, dan aku akan menyemprot kalian."

Michael e Steven si sono tolti tutti i vestiti, ma io ho lasciato le mutande. "Togliti le mutande", ha detto la mamma.


Michael dan Steven menanggalkan semua pakaian mereka, tetapi aku tetap memakai celana dalam.

"Buka celana dalammu," kata Ibu.

Mi è venuto un nodo in gola. Sarah, una ragazza della mia età, abitava nella casa accanto.

Sarebbe stato già abbastanza brutto per una ragazza vedermi in mutande, figuriamoci vedermi nudo. Sentivo il cuore che mi batteva in gola.

Aku merasa sangat tidak nyaman. Sarah, seorang gadis seusiaku, tinggal di sebelah.

Cukup memalukan bila seorang gadis melihatku hanya mengenakan celana dalam, apalagi melihatku telanjang. Aku merasa sangat gugup.

"Non voglio", risposi, accigliato e indicando la casa accanto alla nostra. "Sarah potrebbe vedermi nudo".


"Aku tidak mau," jawabku, sambil mengerutkan kening dan menunjuk ke rumah di sebelah. "Sarah mungkin akan melihatku telanjang."

"Va bene, puoi lasciartele addosso", ha risposto la mamma con un grande sorriso. Ho sentito il mio stomaco nervoso e tremante tornare alla normalità.

"Oke, kau bisa tetap memakainya," jawab Ibu sambil tersenyum lebar. Rasa gugupku perlahan mulai hilang.

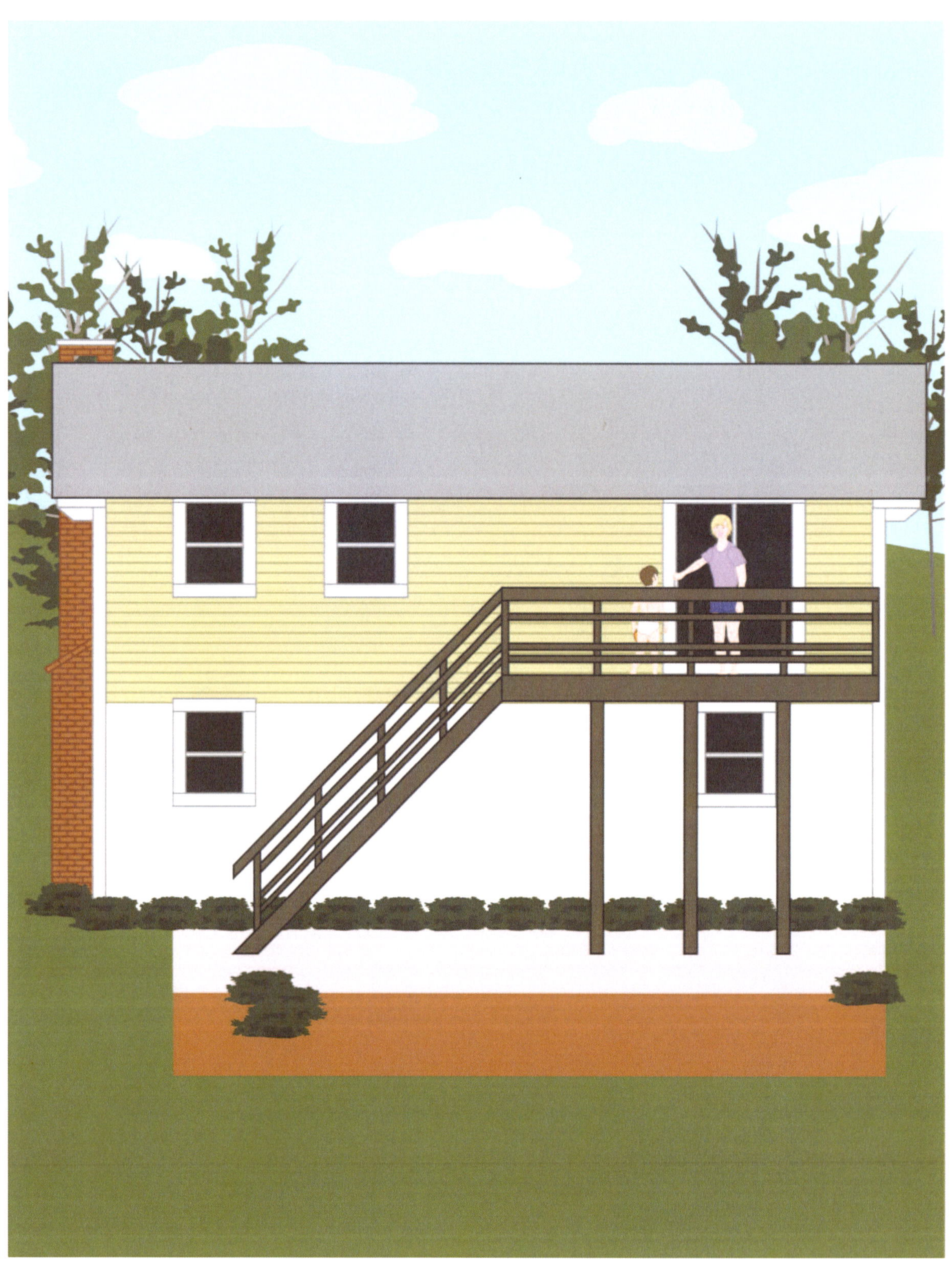

La mamma mi ha spruzzato per lavarmi, poi abbiamo salito le scale fino al pianerottolo e siamo entrati attraverso la porta scorrevole.

Ibu menyemprotku sampai bersih, lalu kami menaiki tangga ke dek dan masuk melalui pintu geser.

Dentro, mi sono sentito al sicuro, allora mi sono tolto le mutande. I miei fratelli ed io andammo velocemente, nudi, nelle nostre camere da letto e ci vestimmo di fresco.

Sono così felice di aver detto alla mamma come mi sentivo!


Aku merasa aman di dalam, sehingga aku melepas celana dalamku. Aku dan adik-adikku bergegas, tanpa sehelai pakaian pun, menuju ke kamar kami dan mengenakan pakaian bersih.

Aku senang bisa mengutarakan perasaanku pada Ibu!

**Informazioni sul libro:** Richard è un ragazzo molto timido, sensibile e fantasioso. Non c'è niente di più imbarazzante per lui di essere visto nudo da una ragazza.  La mamma capirà la sua situazione e lo aiuterà a uscire dalla situazione scomoda in cui si trova? Basato su una storia vera accaduta a Stormville, nello stato di New York, USA, intorno al 1979.

**L'autore:** Richard Carlson Jr. è un autore di libri bilingui per bambini. www.richardcarlson.com


**L'illustratrice:** Suzanne Carlson, artista dotata di un talento poliedrico, si diverte a creare un'ampia gamma di progetti. www.suzannecarlson.com